Hallo.
Ich bin Professor Groß.
Ich zeige dir,
welche Wörter im Text
du großschreiben musst.

Ich weiß schon etwas!
Alles was ich sehen und
anfassen kann,
muss ich großschreiben.

Mein Wörter-Schreibheft – Groß- und Kleinschreibung   www.verlagruhr.de

Schreibe die Namenwörter für die Menschen auf.

der _Opa_

die _____

die _____

der _____

der _____

der _____

Findest du sechs Namen für Menschen?
Male die Namen an und schreibe sie auf.

Kind

f	p	w	t	s	k	i	n	d	m
w	s	p	r	u	n	g	e	n	f
u	p	i	l	o	t	n	r	o	k
h	j	p	b	w	s	p	i	t	z
l	u	t	a	n	t	e	u	s	m
s	p	e	i	l	e	n	i	z	u
m	l	i	s	a	n	d	e	l	d
e	a	s	r	ü	l	e	n	b	k
g	l	f	e	r	p	a	p	a	b
a	r	z	t	e	c	h	e	n	v

Mein Wörter-Schreibheft – Groß- und Kleinschreibung · www.verlagruhr.de

Tiere kann ich auch sehen und anfassen.

Namen von Tieren schreibt man groß!

Schreibe die Tiernamen auf.

der _____

die _____

das _____

der _____

die _____

das _____

Namen für Tiere schreiben

Mein Wörter-Schreibheft – Groß- und Kleinschreibung 📖 www.verlagruhr.de

Welche Tiere entdeckst du hier? Schreibe die Namen.

_____

_____

_____

_____

_____

_____

_____

Mein Wörter-Schreibheft – Groß- und Kleinschreibung · www.verlagruhr.de

Pflanzen kann ich sehen und anfassen.

Man schreibt sie also auch groß.

Schreibe die Namen der Pflanzen auf.

der _____   der _____   die _____

die _____   das _____   die _____

Namen für Pflanzen schreiben

Mein Wörter-Schreibheft – Groß- und Kleinschreibung · www.verlagruhr.de

Dinge kann ich sehen und anfassen.

Namen von Dingen schreibt man groß.

Diese Dinge gibt es in der Schule. Schreibe ihre Namen.

$5 + 3 = 8$

das _____

die _____

der _____

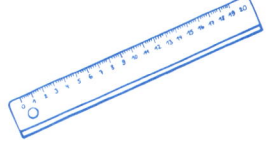

der _____

das _____

das _____

Mein Wörter-Schreibheft – Groß- und Kleinschreibung · www.verlagruhr.de

Die Wörterschlange hat die Namen von Spielzeugen verschluckt.
Trenne die Wörter durch einen Strich. Schreibe und male sie auf.

Ball|teddypuppeautorollerlego

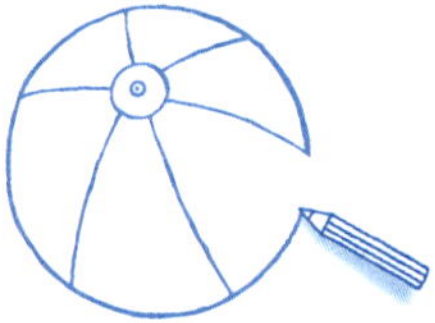

Ba

Wortgrenzen ziehen und Bezeichnungen schreiben und aufmalen

Schreibe zu den Bildern die Namen.
Kreuze dann Mensch, Tier, Pflanze oder Ding an.

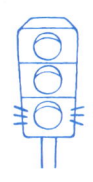

die __Ampel__

☐ Mensch ☐ Tier
☐ Pflanze ☒ Ding

der _____

☐ Mensch ☐ Tier
☐ Pflanze ☐ Ding

der _____

☐ Mensch ☐ Tier
☐ Pflanze ☐ Ding

das _____

☐ Mensch ☐ Tier
☐ Pflanze ☐ Ding

die _____

☐ Mensch ☐ Tier
☐ Pflanze ☐ Ding

das _____

☐ Mensch ☐ Tier
☐ Pflanze ☐ Ding

Mein Wörter-Schreibheft – Groß- und Kleinschreibung ⬚ www.verlagruhr.de

Ordne die Namenwörter in die richtige Spalte ein.

Menschen	Tiere	Pflanzen	Dinge
Pilot			

Pilot   Kamel   Tulpe   Gras   Dose   Elefant

Hose Löwe   Strauch   Mama   Rose   Schaukel   Hut

Bruder   Tim   Spinne   Frau   Hund   Blume

Nomen in Tabelle zuordnen und aufschreiben

Mein Wörter-Schreibheft – Groß- und Kleinschreibung · www.verlagruhr.de

Finde für jede Spalte eigene Wörter.

Menschen	Tiere	Pflanzen	Dinge

Mein Wörter-Schreibheft – Groß- und Kleinschreibung · www.verlagruhr.de

Male alle Tiere, Menschen, Pflanzen und Dinge an.
Schreibe ihre Namen auf.

Nomen im Bild finden und aufschreiben

Namenwörter
haben Begleiter.

Die bestimmten
Begleiter sind
der, die, das.

Schreibe die Namenwörter in die richtige Spalte.

der	die	das

Mein Wörter-Schreibheft – Groß- und Kleinschreibung · www.verlagruhr.de

Schreibe die Namenwörter in die richtige Spalte.

der	die	das

Begriffen den bestimmten Artikeln zuordnen und aufschreiben

Heißt es ein oder eine? Schreibe auf.

ein Schwein

_____ | _____ | _____

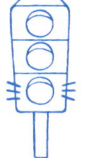

_____ | _____ | _____

Mein Wörter-Schreibheft – Groß- und Kleinschreibung ▯ www.verlagruhr.de

**Kreise die 15 Namenwörter gelb ein.
Male die Begriffe in den Kasten.**

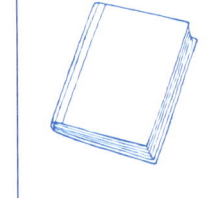

Die meisten Namenwörter kann ich gut malen!

TISCH   BUCH

UND   KALT

KÄFER   UNTER

TAFEL   ARZT

AUF   APFEL

WARM   DEM

PILOT   FISCH

Mein Wörter-Schreibheft – Groß- und Kleinschreibung ⬜ www.verlagruhr.de

Nomen erkennen und malen

ALT

SEHR

LESEN

HUT

BALL

TURM

KLEIN

MIT

ROLLER

STERN

LANG

VOGEL

SCHERE

UHR

Mein Wörter-Schreibheft – Groß- und Kleinschreibung · www.verlagruhr.de

Nomen erkennen und malen

Kreuze 16 Namenwörter an.

☒ HOSE　　☐ MARTIN　　☐ WARM　　☐ FLASCHE

☐ NEU　　☐ PILZ　　☐ SEINE　　☐ NADEL

☐ SCHÖN　　☐ KÄFER　　☐ LEICHT　　☐ FENSTER

☐ SCHNELL　　☐ BUS　　☐ PAPAGEI　　☐ BROT

☐ HART　　☐ TOMATE　　☐ VOGEL　　☐ ALT

☐ SCHERE　　☐ BLUME　　☐ AUS　　☐ FRAU

☐ LAUT　　☐ HOLEN　　☐ KATZE　　☐ TIM

Nomen erkennen und ankreuzen

Mein Wörter-Schreibheft – Groß- und Kleinschreibung · www.verlagruhr.de

Male alle Felder mit einem Namenwort an.

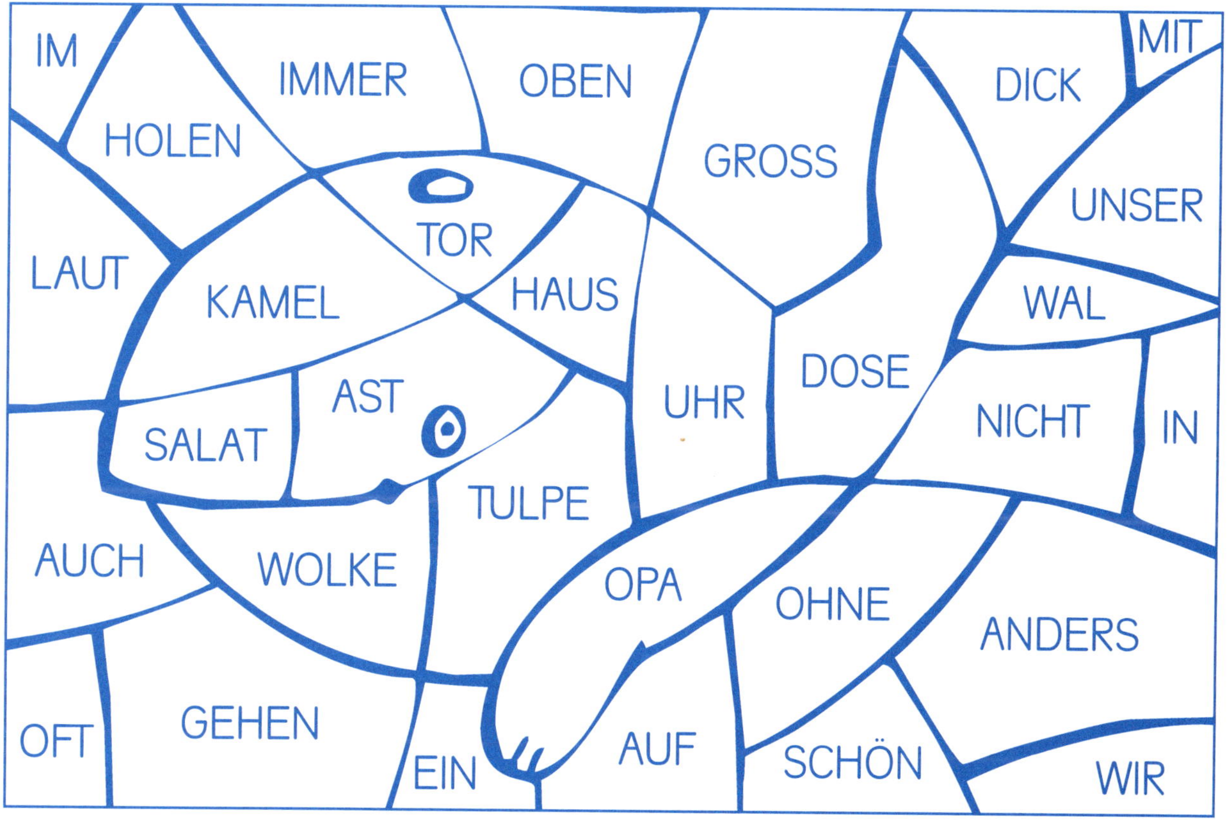

IM

IMMER

OBEN

MIT

DICK

HOLEN

GROSS

UNSER

TOR

LAUT

KAMEL

HAUS

WAL

DOSE

AST

UHR

NICHT

IN

SALAT

TULPE

AUCH

WOLKE

OPA

OHNE

ANDERS

OFT

GEHEN

EIN

AUF

SCHÖN

WIR

Mein Wörter-Schreibheft – Groß- und Kleinschreibung · www.verlagruhr.de

Kreise die **7** Namenwörter gelb ein.
Schreibe sie richtig auf.

zelt   gehen   esel   gut   kerze   in

haben   nase   stein   ich   dein   salat

bunt   pinsel   tanzen   mit   fenster   aber

Zelt _____   _____

_____   _____

_____   _____

_____   _____

Mein Wörter-Schreibheft – Groß- und Kleinschreibung · www.verlagruhr.de

Kreise die 8 Namenwörter gelb ein.
Schreibe sie richtig auf.

igel	kind	gehen	im	schlitten	kalt
und	spielen	haus	tafel	malen	bild
klein	uhr	alt	lesen	mond	immer

_____   _____

_____   _____

_____   _____

_____   _____

Mein Wörter-Schreibheft – Groß- und Kleinschreibung ⬚ www.verlagruhr.de

Kreuze 15 Namenwörter an.

☐ KAUFEN	☒ BILD	☐ OHNE	☐ WIESE
☐ KIND	☐ DIE	☐ SCHWESTER	☐ AUF
☐ BANK	☐ ZEBRA	☐ SCHLÜSSEL	☐ LEER
☐ SIND	☐ JUNGE	☐ TELEFON	☐ RUND
☐ GABEL	☐ LIEB	☐ PUPPE	☐ KAPUTT
☐ LEHRER	☐ KLEIN	☐ BAUEN	☐ LEISE
☐ HAND	☐ KUH	☐ KORB	☐ NEIN
☐ STEHEN	☐ HEUTE	☐ TOBEN	☐ HUT

Nomen erkennen und ankreuzen

Mein Wörter-Schreibheft – Groß- und Kleinschreibung · www.verlagruhr.de

Setze die Wörter in die Lücken ein.

1. Am _____ hängt ein _____.

2. Im _____ lebt eine _____.

3. _____ sitzt auf dem _____.

4. Im _____ ist eine _____.

5. Auf dem _____ liegt ein _____.

Mein Wörter-Schreibheft – Groß- und Kleinschreibung · www.verlagruhr.de

Kreise die Namenwörter gelb ein. Schreibe den Satz dann richtig auf.

1. tina liest ein buch.

Tina liest

2. lukas liegt im bett und schläft.

3. karin hat einen hund und einen vogel.

4. mama kauft tomaten.

Nomen in Sätzen erkennen und die Sätze richtig aufschreiben

Mein Wörter-Schreibheft – Groß- und Kleinschreibung ▯ www.verlagruhr.de

Kreise die Namenwörter gelb ein. Schreibe den Satz dann richtig auf.

1. giraffen haben einen langen hals.

_____

2. fische schwimmen im wasser.

_____

3. elefanten haben einen langen rüssel und große ohren.

_____

4. mäuse fressen gerne käse.

_____

Mein Wörter-Schreibheft – Groß- und Kleinschreibung · www.verlagruhr.de

Kreise die Namenwörter gelb ein. Schreibe den Satz dann richtig auf.

1. lena geht mit mama in den zoo.

_____

2. max schreibt oma einen brief.

_____

3. fatima wünscht sich eine puppe.

_____

4. olek spielt mit seinem bruder.

_____

Nomen in Sätzen erkennen und den Satz richtig aufschreiben

Mein Wörter-Schreibheft – Groß- und Kleinschreibung ⬚ www.verlagruhr.de

Groß oder klein? Ergänze die fehlenden Laute!

Selina __auft sich in __er Stadt ein großes __s.
(K/k)   (D/d)   (Ei/ei)

Der __isch schwimmt __urch den dunklen __ee.
(F/f)   (D/d)   (S/s)

Mit meinem __euen __ahrrad fahre ich zur ____ule.
(N/n)   (F/f)   (Sch/sch)

Die __inder freuen __ich, weil morgen schulfrei __st.
(K/k)   (S/s)   (I/i)

Das __icke __ashorn liegt __aul in der __onne und schläft.
(D/d) (N/n)   (F/f)   (S/s)

Im __erbst lassen __inder ihre __unten __rachen __eigen.
(H/h)   (K/k)   (B/b) (D/d) (St/st)

Mein Wörter-Schreibheft – Groß- und Kleinschreibung   www.verlagruhr.de

CAFETERIA
Heute gibt es Eis.

„Heute" ist doch gar kein Name! Wieso wird es großgeschrieben?

Das erste Wort in einem Satz schreibt man immer groß! Das kannst du dir leicht merken.

Setze passende Satzanfänge ein.

um	ich	heute	der	wir	mama

_____ kommen Oma und Opa.

_____ hat einen Kuchen gebacken.

_____ drei Uhr klingelt es.

_____ mache die Tür auf.

_____ setzen uns alle an den Tisch.

_____ Kuchen schmeckt echt lecker.

Denke daran:
Das erste Wort
im Satz wird
großgeschrieben!

Mein Wörter-Schreibheft – Groß- und Kleinschreibung · www.verlagruhr.de

Schreibe einen passenden Satz.

sitzen  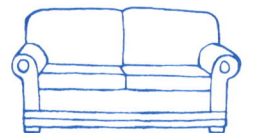 .

_____

 Susi lesen .

_____

Mein Wörter-Schreibheft – Groß- und Kleinschreibung 📖 www.verlagruhr.de

eigene Sätze formulieren und aufschreiben, dabei auf Groß-Kleinschreibung achten

Schreibe einen passenden Satz.

 malen  .

_____

 kaufen  .

_____

Mein Wörter-Schreibheft – Groß- und Kleinschreibung · www.verlagruhr.de

Kreise die Namenwörter gelb ein. Schreibe den Satz dann richtig auf.

1. gestern war ich im schwimmbad.

_____

2. ich habe mir eine neue hose gekauft.

_____

3. warum haben elefanten einen rüssel?

_____

4. das neue buch ist lustig.

_____

Großschreibung von Satzanfängen und Nomen

Mein Wörter-Schreibheft – Groß- und Kleinschreibung · www.verlagruhr.de

Groß oder klein? Ergänze die fehlenden Laute!

__m Montag __eht die __lasse von __ill in den __oo.
(A/a)　　　　(G/g)　　　(K/k)　　　　(T/t)　　　　(Z/z)

__m __inter gehen wir __it unseren ____litten __odeln.
(I/i)　(W/w)　　　　　(M/m)　　　　(Sch/sch)　(R/r)

__imo schaut sich mit __anna sein neues __ierbuch an.
(T/t)　　　　　　　(H/h)　　　　　　(T/t)

__n den __roßen Ferien __ahre ich mit __ma ans Meer.
(I/i)　　(G/g)　　　　　(F/f)　　　　(O/o)

__enn ich __rank bin, kocht __ama mir einen __ee.
(W/w)　　(K/k)　　　　　(M/m)　　　　(T/t)

__ars fährt jeden __ag __it dem Fahrrad zur ____ule.
(L/l)　　　　(T/t)　(M/m)　　　　　　(Sch/sch)

Mein Wörter-Schreibheft – Groß- und Kleinschreibung ⬚ www.verlagruhr.de

Setze die passenden Satzanfänge und Nomen ein.

kasimir	jede	freund	er	eines	spaß
er	schloss	aber	uhr	flure	maus	sie

_____ ist ein kleines Gespenst. _____ lebt

in einem alten _____. _____ Nacht um

Punkt 12 _____ spukt er durch die _____.

_____ Kasimir ist oft traurig. _____ wünscht

sich so sehr einen _____. _____ Nachts trifft

er eine kleine _____. _____ werden Freunde

und haben viel _____ zusammen.

Mein Wörter-Schreibheft – Groß- und Kleinschreibung ▯ www.verlagruhr.de

Wörter passend einsetzen und auf Groß-Kleinschreibung achten

Unterstreiche im Text alle Satzanfänge grün und alle Nomen gelb. Schreibe ihn dann verbessert auf.

der frühling ist da. die sonne scheint warm.
die blumen blühen in vielen farben.
die bäume werden wieder grün.

_____

_____

_____

_____

_____

Mein Wörter-Schreibheft – Groß- und Kleinschreibung · www.verlagruhr.de

In jeder Reihe fehlt ein Punkt. Male ihn grün.
Schreibe die Sätze dann richtig auf.

Denke daran: Satzanfänge werden großgeschrieben.

1. der Löwe lebt in Afrika er frisst Fleisch.

_____

2. delfine leben im Meer sie können gut tauchen.

_____

3. der Affe sitzt im Baum er isst eine Banane.

_____

Punkte setzen; Großschreibung von Satzanfängen beim Abschreiben beachten

In jeder Reihe fehlt ein Punkt. Male ihn grün.
Schreibe die Sätze dann richtig auf.

1. der Tiger hat Streifen er ist eine Raubkatze.

_____

2. der bär ist groß er frisst honig.

_____

3. die katze liegt in der sonne sie schläft.

_____

4. das huhn gackert es legt eier.

_____

Mein Wörter-Schreibheft – Groß- und Kleinschreibung · www.verlagruhr.de

Schreibe zu jedem Bild zwei Sätze.
Denke an die Groß- und Kleinschreibung und an die Punkte.

eigene Sätze schreiben; Großschreibung von Nomen und Satzanfängen beachten

Schreibe zu jedem Bild zwei Sätze.

_____

_____

_____

_____

Mein Wörter-Schreibheft – Groß- und Kleinschreibung · www.verlagruhr.de

Der Text ist aber schwer zu lesen!

Hier fehlen die Punkte. Wenn du sie setzt, ist es einfacher.

Setze Punkte an die richtigen Stellen. Schreibe den Text richtig auf.

Die Sonne scheint Lisa geht mit ihrer Freundin in den Garten Sie holen den Ball und spielen Am Abend macht Papa den Grill an

Mein Wörter-Schreibheft – Groß- und Kleinschreibung · www.verlagruhr.de

Punkte setzen; Text richtig aufschreiben

Setze Punkte an die richtigen Stellen. Schreibe den Text richtig auf.

leon läuft mit niklas auf den hof kaja holt das seil
amin spielt mit jana und tarek fußball
fabian tobt mit tamara und leon auf dem rasen
noah liest ein buch.

_____

_____

_____

_____

_____

_____

Mein Wörter-Schreibheft – Groß- und Kleinschreibung ⓉⓋ www.verlagruhr.de

Setze Punkte an die richtigen Stellen. Schreibe den Text richtig auf.

heute holt opa mich nach der schule ab wir gehen dann zusammen in den zirkus dort gibt es einen feuerspucker und akrobaten am meisten freue ich mich auf den clown das wird bestimmt lustig

_____

_____

_____

_____

_____

_____

Punkte setzen; Großschreibung von Nomen und Satzanfängen beim richtigen Aufschreiben beachten

Groß oder klein? Ergänze die fehlenden Laute!

__s war einmal eine glückliche ____necke. __och eines Tages
(E/e)   (Sch/sch)   (D/d)

__erkte sie, dass sie __icht mehr in ihr ____neckenhaus passte.
(M/m)   (N/n)   (Sch/sch)

Wenn es __egnete, wurde sie __ass. Das konnte nicht so bleiben.
         (R/r)   (N/n)

__ie musste __mziehen. __lso machte sie sich auf den __eg.
(S/s)   (U/u)   (A/a)   (W/w)

Schon bald fand sie einen ____uh. __ber der war zu __roß.
                   (Sch/sch)   (A/a)   (G/g)

__ann fand sie eine __uschel. __ie war aber viel zu __lein.
(D/d)   (M/m)   (D/d)   (K/k)

__ls letztes __and sie einen __ingerhut. __er passte gut.
(A/a)   (F/f)   (F/f)   (D/d)

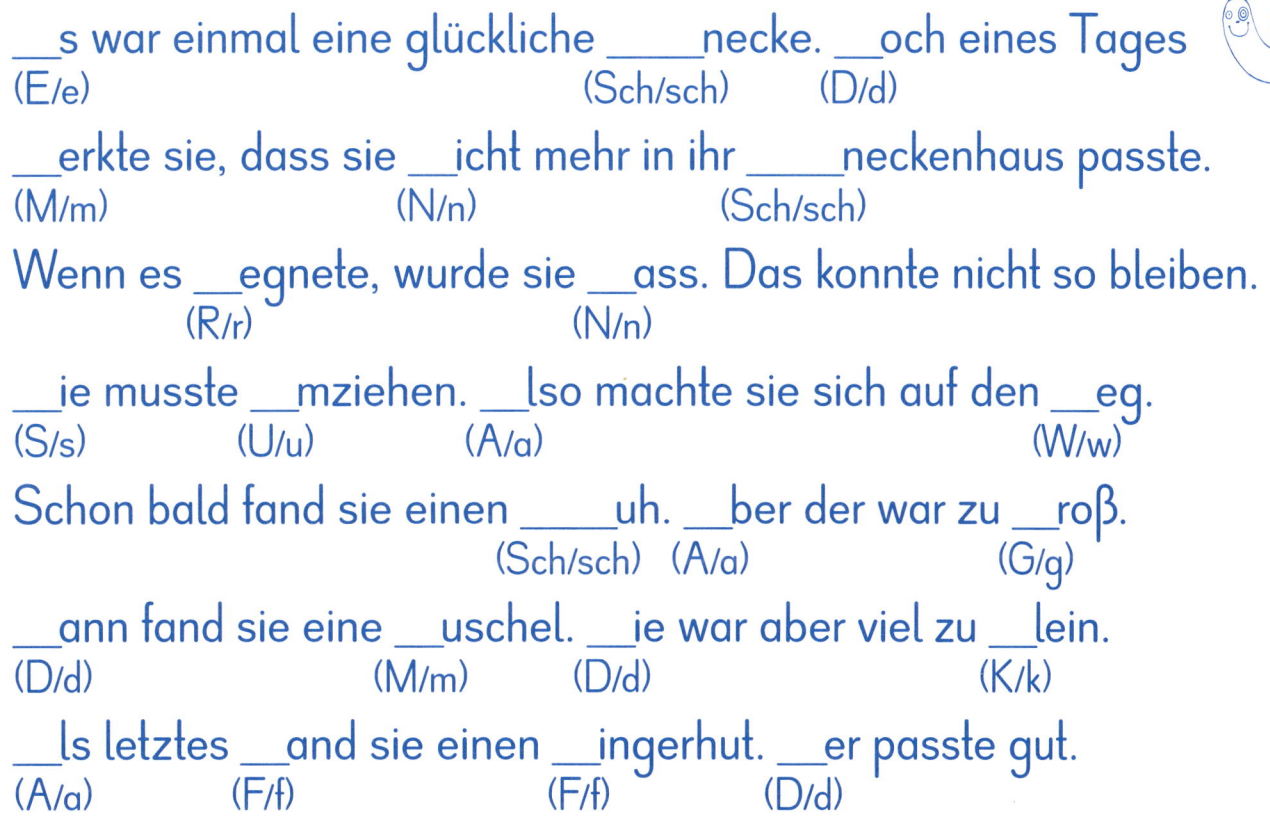

Mein Wörter-Schreibheft – Groß- und Kleinschreibung ▯ www.verlagruhr.de

Schreibe Sätze zu dem Bild.

Mein Wörter-Schreibheft – Groß- und Kleinschreibung · www.verlagruhr.de

eigene Sätze schreiben; Großschreibung von Nomen und Satzanfängen beachten